Mit Schattenarbeit aus der Dunkelheit ans Licht

Wie Sie Ihre Abwehr- und Verdrängungsmechanismen umgehen, über Ihren Schatten springen und Ihre innere Balance wiederfinden

Karina Lehmhuis

INHALT

Das erwartet Sie in diesem Buch

Dieses Buch bietet Ihnen tiefes Eintauchen in die Thematik der Schattenarbeit und lässt möglicherweise eine neue Seite in Ihnen aufleben. Neben der tiefen Theorie über die Schattenarbeit bietet Ihnen das Buch wissenswerte, selbstbestimmte und umfangreiche Indikatoren, die Sie auf sich selbst übertragen können, und Übungen, die Sie noch tiefer in die Thematik eindringen lässt.

Lassen Sie sich auf Ihre möglichen Schatten ein und entdecken Sie verloren gegangene Gefühle und Emotionen, von denen Sie gedacht hätten, diese nie wieder zu erleben.

Wenn Sie also genug von trockener Theorie in Büchern haben, ist dieses genau das richtige für Sie. Lassen Sie sich fesseln und tauchen Sie in eine Welt der Schatten ein, die Sie so noch nicht erlebt haben. Seien Sie gewarnt, denn es könnte gut sein, dass Sie tiefe und düstere Ecken Ihres Unterbewusstseins durchqueren müssen, um an Ihre Schatten zu kommen, und vielleicht liegt dort so tief Verborgenes, was Sie schon längst vergessen haben ...

Schattenarbeit

WAS IST SCHATTENARBEIT?

Wenn Sie nichts mit dem Thema zu tun haben und das erste Mal von dem Begriff „Schattenarbeit" hören, denken Sie bestimmt eventuell an „geheime" oder „unerlaubte" Arbeit oder sogar an etwas Ähnliches wie Schwarzarbeit, oder?

Tatsächlich handelt es sich hierbei um einen psychologischen Begriff. Und wer an das Geheime gedacht hat, hat gar nicht mal so unrecht. Die Schattenarbeit ist ein wesentlicher Teil der Psychologie. Es ist die Arbeit, die wir leisten, um unsere unterbewussten Anteile zu erkennen und anzuerkennen. Die Schattenarbeit ist notwendig, weil sie uns hilft, unseren Selbstbehauptungstrieb zu verstehen und zu kontrollieren. Wenn wir unsere Schattenanteile nicht annehmen, projizieren wir sie auf andere und fühlen uns dadurch getrieben, in Konflikte zu geraten. Die Schattenarbeit ist auch mit den Archetypen von C. G. Jung verbunden. Dieser Psychologe glaubte, dass jeder Mensch ein tief verwurzeltes Bedürfnis hat, sich mit dem Universum zu verbinden. Um diese Verbindung herzustellen, müssen wir jedoch erst unsere Schattenarbeit leisten.

Doch zunächst ein paar Basisfakten, um einen kleinen Überblick zu schaffen.

Carl Gustav Jung (*26. Juli 1875, † 06. Juni 1961), kurz C. G. Jung, war ein Schweizer Psychiater und der Gründer der analytischen Psychologie. Die analytische Psychologie bzw. „komplexe Psychologie" beschäftigt sich hauptsächlich mit dem Unterbewusstsein des Menschen, wozu auch bspw. die Schattenarbeit zählt. C. G. Jungs Annahmen und Untersuchungen der Schattenarbeit haben viel zur Änderung der heutigen Sichtweise der menschlichen Psyche und der Persönlichkeitsentwicklung beigetragen.

Die wichtigste Aussage der Theorie Jungs über die Schattenarbeit ist, dass der Schatten eine

„versteckte Seite der menschlichen Psyche" aufweist. Um noch einmal auf das Geheime zurückzukommen, sind Schatten also pauschal gesagt tiefe „geheime" und versteckte Seiten im Menschen, die in unserem tiefen Unterbewusstsein ruhen.

Die Basisfakten sind nun geklärt und der Ursprung der Schattenarbeit ist gefestigt. Kommen wir nun zu den Schatten und deren Begriffserklärung.

WAS SIND SCHATTEN GENAU UND WAS VERSTEHT MAN KONKRET DARUNTER?

Es gibt zwei verschiedene Schattenseiten. Da gibt es einmal die persönliche Schattenseite und die kollektive, archetypische Schattenseite.

Wie bereits erwähnt, sind Schatten tiefe, unterbewusste und vor allem tief versteckte Seiten, die in uns Menschen schlummern. Konkret gesagt sind Schatten sogenannte „Persönlichkeitsaspekte", die wir im Laufe unseres Lebens (meistens in der Kindheit) unterdrückt oder beiseitegeschoben haben. Es sind persönliche Aspekte, die

5

zusammen mit unserem Selbstbewusstsein uns als Ganzes ausmachen. Demnach ist der Schatten das Spiegelbild zum bewussten Selbstbild.

Jeder Mensch trägt positive (gute) und negative (schlechte) Eigenschaften in sich. Diese formen sich schon im Kindesalter durch Erfahrungen und Erziehung.

Wenn wir in Situationen waren, in denen wir es richtig hielten, unsere Eigenschaften nicht zeigen zu können oder zu dürfen, haben wir diese versteckt. Ist dies häufiger als nötig geschehen, spricht man hier von einer Verdrängung und man fängt an, sich unter einer Maske oder einem Mantel zu verstecken. Wahrscheinlich kennen Sie die Redewendung „Ein dickes Fell besitzen", auch dies ist eine Art „Maske", unter der es vielleicht unterbewusst ganz anders aussehen mag.

Tragen wir diese Maske nun, entscheiden wir nicht mehr aus vollem Selbst und aus reinem Herzen, sondern verstecken uns ein wenig vor allem, was uns eventuell Angst bereitet. Das kann viel Lebensenergie und vor allem Lebensfreude kosten. Wir verstecken uns also immer mehr vor uns selbst, als eine Art Schutz oder Rückzugsort, um Konfrontation oder Abstoßung, Ablehnung zu vermeiden – zumal meist die Schatten eine gesellschaftliche und moralische Inkompetenz aufzeigen. Beispielsweise kann ein Schatten das Bedürfnis aufzeigen, sich freizügiger ausleben zu wollen, oder Fetische zum Vorschein bringen.

Vielleicht kennen Sie das Gefühl selbst, Sie bewundern jemanden für sein extrovertiertes Verhalten und würden gerne selbst so extrovertiert sein, haben aber Angst davor. Sie bewundern somit eben bei anderen das, was Sie sich selbst nicht zutrauen bzw. zumuten. Sie haben also Angst und genau aus dieser Angst verstecken Sie diese „Schatten" in einer Kiste, die Sie tief im Unterbewusstsein, sozusagen im Keller unserer Psyche, unseres Bewusstseins, verstaut haben.

Oftmals haben wir die Kiste so weit bzw. so tief im Keller verstaut, dass wir gar nicht wirklich wissen, was in dieser Kiste ist und wo diese Kiste sich befindet. Zudem fehlt einem meist die Kraft, sich auf die Suche nach der Kiste zu begeben, da sowohl positive als auch negative Ereignisse den Schatten formen können und wir diese bewusst in diese Kiste verstaut haben. Es kann also gut sein, dass Sie bewusst oft negative Ereignisse, Erlebnisse oder gar Eigenschaften in dieser Kiste verstaut haben, vielleicht auch Begierden, tiefste Sehnsüchte oder Leidenschaften, die Sie bewusst zurückstecken mussten, um Kompromisse einzugehen.

Ich denke, Sie würden ungern einen erneuten tiefen Blick in diese Kiste werfen wollen, nicht wahr?

Und falls Sie das doch tun möchten oder auf den Geschmack gekommen sind, eventuell Ihre eigenen Schatten wieder aus der Kiste zu kramen, können Sie genau da auf professionelle Hilfe setzen. Denn genau dort fängt die eigentliche Schattenarbeit an.

DIE EIGENEN SCHATTEN

Die eigenen Schatten zu erkennen kann sehr schwierig sein. Meist kann man dies nur durch jahrelange Selbstforschung oder, besser gesagt, auf dem Weg zur Selbstfindung oder mit professioneller Hilfe erreichen, bspw. durch eine individuell angepasste Psychotherapie, aber dazu später mehr. In erster Linie ist es wichtig, zu verstehen, dass Schatten, sollten sie noch so weit verdrängt worden sein, trotzdem noch unseren Alltag bestimmen können. Dies kann sowohl bewusst als auch unterbewusst geschehen.

Ein besonderes Beispiel ist hier das Alter Ego, welches unter Berühmtheiten eher bekannt und verbreitet ist.

In der Psychologie bezeichnet das Alter Ego eine Art „zweites Ich" oder „zweite Identität" innerhalb ein und derselben Psyche. Ego und Alter Ego sind demnach zwei miteinander in Widerspruch stehende Seiten einer gespaltenen Persönlichkeit. Oftmals wird hier ein Zusammenhang zwischen dem Alter Ego und den Archetypen bzw. Schatten erkannt.

Konkret gesagt kann man das Alter Ego als Identität der Schatten bezeichnen. Eine zweite Identität wird angenommen bzw. kreiert, um die Schatten bzw. die schlechten Eigenschaften zu veranschaulichen bzw. zu rechtfertigen. Dem Schatten wird ein Gesicht gegeben. Viele beschreiben ihr Alter Ego als denjenigen in einem, der Unausgesprochenes sagt, welches man selbst niemals sagen würde, oder Dinge tut, die man sich selbst niemals trauen würde.

Während Künstler hier eine Art Kunstfigur schaffen, schaffen wir im Alltag i. d. R. eine Art

Zuflucht oder gar Rechtfertigung für die eigenen Schatten. Alles Negative kann man seinem Alter Ego zuschieben.

Allerdings besitzt oder schafft nicht jeder ein Alter Ego, viele bevorzugen es, die Schatten einfach zu unterdrücken und sich eine Maske aufzusetzen. Meist trägt man die Maske dann ein Leben lang, da man einfach nicht erkennt, dass diese Schatten überhaupt existieren, oder man will es nicht wahrhaben. Es kann auch gut sein, dass man die Maske so lange trägt, bis man nicht mehr unterscheiden kann, was die Maske und was unser Bewusstsein, unser wahres Gesicht, ist.

Der Schatten kann sich im Übrigen auch in unseren Träumen wiederfinden. Träume spiegeln meist die Wünsche, das Unbewusste und das Verlangen wider. Genau dort blühen die Schatten unserer auf – im Unterbewusstsein. Sie können uns im Traum als Feind, Rivale oder Fremdling begegnen. Sie treten also als Eindringling in unsere so sicher scheinende Welt ein und versuchen, an die Oberfläche zu gelangen. Hier ist es wichtig, ihnen nicht die komplette Aufmerksamkeit zu schenken, sie aber auch nicht wieder zu verdrängen, sondern diese Begegnungen ernst zu nehmen und zu verstehen, wieso diese uns erscheinen und sich uns zeigen.

Um dies alles zu erkennen, zu verstehen und aufzuarbeiten, gibt es die Schattenarbeit.

Positiver Schatten

„Das, was uns noch fremd, unheimlich ist [...]" benennt C. G. Jung als positive Schatten. Positive Schatten sind also uns nicht bewusste Schatten. Wir wissen nicht, dass diese in uns schlummern und existieren, ohne von ihnen zu wissen. Trotz allem können wir im Namen des Schattens handeln, ohne überhaupt zu wissen, dass wir aus unserem Schatten heraus handeln.

Dies bedeutet jedoch nicht, dass es „negative" Schatten gibt, die eventuell das Böse in uns wecken. Man nahm bisher, vor C. G. Jungs Theorie, an, dass der menschliche Schatten für das große Übel verantwortlich ist, allerdings ist dies durch die Theorie einfach zu widerlegen.

Auch ein Mensch mit einem negativen Schatten kann wunderbare, positive Qualitäten und Eigenschaften aufweisen. Das Böse, also die Annahme des Bösen durch negativ betrachtete

Schatten, entstehe durch falsche Wahrnehmung und Missverständnisse.

Konkret heißt dies also, dass es neben positiven Schatten auch negative Schatten gibt, dies allerdings nichts mit dem Guten und Bösen zu tun hat, sondern die positiven Schatten uns nicht bewusst sind und wir nicht einmal wissen, dass wir in dem „Besitz" dieser sind.

Kollektiver Schatten

Hinter den persönlichen, positiven Schatten jedes Einzelnen stehen sogenannte „kollektive Schatten", die einen archetypischen Hintergrund nachweisen. Dem Schatten kann also ein Archetyp zugewiesen werden, mit dem man dann den individuellen Schatten jedes Einzelnen bestimmen kann. Der Archetyp fördert die Schattenbildung jedes Einzelnen.

Das Problem hier ist dann, dass man einen natürlichen Ursprung des „bösen Schattens" herleiten kann und man sich diesem stellen sollte. Zu Zeiten C. G. Jungs hatte der Archetyp des Schattens einen religiösen Hintergrund. So hatte Jung bestimmt, dass „der Antichrist als archetypischer

Schatten Christi gedeutet werden" kann. Psychologisch kann man daraus schließen, dass der Schatten die dunkle Hälfte einer vollständigen Persönlichkeit widerspiegelt und man diesem keine positiven Eigenschaften zusprechen könne.

Um zu erfahren, welcher Schatten einen selbst begleitet, ist es wichtig, zu verstehen, wie der Prozess der Schattenarbeit abläuft und wie der Schatten dann gedeutet werden kann.

Der Prozess der Schattenarbeit

Vorab sei angemerkt, dass die Schattenarbeit keine Therapie in klassischer bzw. traditioneller Form, sondern eher wie ein Kurs oder Coaching zu betrachten ist. Zudem ist außerdem wichtig, zu verstehen, dass die erfolgreiche Schattenarbeit kein Ziel präsentiert, sondern uns den Weg ebnet bzw. uns hilft, auf den richtigen Weg zu kommen, frei von jeglichem unterbewussten Druck und Stress. Die Akzeptanz von allem, was kommen mag, ist das Wichtigste. Sie können nur durch vollständige Akzeptanz gegenüber allem, was kommen mag, die höchste Intensivität des Prozesses erleben.

Schattenarbeit ist eine Methode der Psychologie, bei der man sich mit den dunklen Aspekten seiner Persönlichkeit auseinandersetzt, um so zu mehr Selbsterkenntnis und Ganzheit zu gelangen. Es geht darum, die verdrängten Anteile anzuerkennen und anzunehmen, damit man sie transformieren kann. Durch Schattenarbeit können wir unser inneres Wesen besser verstehen und integrieren. So können wir immer mehr unserer Authentizität leben und unserem Leben Sinn geben.

Die individuelle Psychotherapie mit dem Schwerpunkt auf Schattenarbeit ist ideal für die Aufarbeitung der eigenen Schatten und bietet einem die beste Unterstützung und vor allem eine sichere Umgebung auf dem Weg zur Wiederentdeckung tief verborgener Geheimnisse. Solche sicheren Bereiche bzw. Umgebungen werden meist auch Rahmen oder Container bezeichnet und werden in einer Art Seminar bzw. Coaching individuell für jeden Einzelnen errichtet.

Diese beinhalten eine Gruppe von Menschen, die alle zusammenarbeiten und schlussendlich die sichere Umgebung bereitstellen.

Zunächst muss sichergestellt sein, dass kein Druck oder Ähnliches von außen besteht. Zudem erklärt jeder Teilnehmer, dass er keinerlei Ratschläge, Tipps oder gar Verurteilungen anstellen wird. Hierbei wird das Vertrauen und die sichere Basis für eine erfolgreiche Schattenarbeit geliefert. Dies ist absolut der wichtigste Bestandteil einer jeden Zusammenarbeit, denn genau hier wird unsere verletzliche Seite hervorgeholt, und dies muss unbedingt geschützt werden.

Durch dieses Vertrauen wird eine hohe Achtung des jeweils anderen Teilnehmers geschaffen und die Arbeit kann nun vollständig in die Wege geleitet werden.

Trotz der sicheren Umgebung und der vertrauten Gruppe wird zudem eine individuelle und private Therapie fortgesetzt. Dieses Seminar oder Coaching erlaubt es Ihnen, in die tiefsten Emotionen, Gefühle und Gedanken zu gelangen, die Sie alleine vielleicht nicht erreicht hätten oder sich zumindest vielleicht nicht getraut hätten, zu erreichen.

Nehmen wir noch einmal das Beispiel mit der Kiste, um das alles bildlich zu veranschaulichen:

Diese spezielle Therapie bzw. das Seminar oder Coaching können Sie sich also so vorstellen, als würden Sie mit Personen zusammensitzen, wenn Sie wollen in einem Kreis, die Ihr volles Vertrauen haben. Vor der Gruppe können Sie jedes Geheimnis, sei es noch so schlimm, bereden und Ihnen würde nicht einmal ein kritischer Blick zugeworfen werden. Zudem haben Sie noch eine besondere Ansprechperson, mit der Sie sogar darüber ganz konkret und privat reden können.

Der Prozess der Schattenarbeit wird meist von mind. zwei Ansprechpersonen bzw. Therapeuten begleitet und beginnt meist mit der Frage: „Was soll heute für Sie hier in der Sitzung passieren?" Diese formulierten Wünsche sind die Leitfäden einer jeder erfolgreichen Schattenarbeit und schlagen den richtigen Weg des Prozesses ein. Sollten die Wünsche unklar sein oder sollten Schwierigkeiten bei der Formulierung des Wunsches auftreten, kommen hier die Ansprechpartner zum Einsatz. Sie helfen einem, die Wünsche und Bedürfnisse konkret zu formulieren und ein klares Ziel des Leitfadens zu schaffen.

Die Teilnehmer äußern meist Wünsche, die in folgende Kategorien aufgeteilt werden können:

▪ **Bestimmung eines konkreten Verhaltens**
Hier wird ein bestimmtes Verhalten analysiert und genauer beschrieben. Ihnen wird hier dabei geholfen, zu verstehen, wieso Sie sich in bestimmten Situationen in bestimmter Weise verhalten.

Beispiel: Sie sind einkaufen und eine Person vor Ihnen in der Schlange braucht unheimlich lange, um das Eingekaufte an der Kasse in den Einkaufswagen zu befördern. Sie werden rasend, aggressiv und ungeduldig. Sie könnten platzen vor Wut, fangen an, aufzuseufzen, und werden plötzlich unhöflich.

Hier wird versucht, den Ursprung eines solchen Verhaltens aufzusuchen und zu analysieren.

▪ **Weiterentwicklung durch Unterstützung**
Es wird Ihnen Unterstützung bei der Weiterentwicklung geboten, die individuell auf Sie abgestimmt ist.

Bleiben wir beim Beispiel von dem ersten Punkt: Sie haben verstanden und herausgefunden, wieso

Sie so impulsiv auf banale Situationen reagieren, und wollen sich in dem Punkt weiterentwickeln. Sie wollen nicht mehr impulsiv auftreten und weniger aggressiv auf solche Situationen reagieren.

Hier werden Sie dabei unterstützt und es wird Ihnen geholfen, diese Weiterentwicklung anzugehen.

▪ Gefühlsarbeit
Bestimmte Gefühle können sich in Ihnen aufstauen und nicht mehr richtig verarbeitet werden. Sie wissen nicht, wie mit diesen Gefühlen bzw. mit dieser Aufstauung der Gefühle umzugehen ist, und sind überfordert.

Beispiel: Eine vertraute Person ist verstorben und es staut sich tiefe Trauer in Ihnen auf. Sie wissen allerdings nicht, wie damit umzugehen ist, und können die Trauer weder nach außen tragen noch für sich verarbeiten. Die Trauer staut sich immer weiter in Ihnen auf und hat mehrere, schlimme Folgen für Sie. Z. B. könnten Sie eine tiefe Depression aufgrund der aufgestauten Trauer erleiden.

- **Alte Verhaltensmuster brechen**

Hierbei kann Ihnen geholfen werden, Verhaltensmuster, wie bspw., nie „Nein" sagen zu können, zu durchbrechen und zu verstehen, wie dieses Verhalten zustande gekommen ist.

Beispiel: Ob Sie bei der Firmenfeier länger bleiben, um noch die Büros aufzuräumen, den Hund Ihrer Nachbarin ausführen oder ständig die Pakete eines Nachbarn annehmen sollen, Sie können einfach nie „Nein" sagen. Sie stimmen allem und jedem zu und bringen es einfach nicht übers Herz, zu verneinen, so sehr Sie auch nicht helfen möchten. Hier wird dabei geholfen, das Durchsetzungsvermögen zu stärken und das Verhaltensmuster zu brechen.

So helfen die Begleiter einem, die Schatten leichter zu erkennen und objektiv zu betrachten. Hier können zudem Techniken eingesetzt werden, um den Schatten wieder zu erhellen und mit neuer und nutzbarer Stärke zu ebnen.

Sie können sich das also so vorstellen, als würden Sie eine Art Coaching besuchen, das neue Seiten oder, besser gesagt, verborgene Seiten wieder zum Vorschein bringt und Ihnen zeigt, wie man Sie wieder in das Selbstbild integriert.

Aufarbeitung der Schatten

DIE ARCHETYPEN

Um die Archetypen zu verstehen, ist es sinnvoll, sich vorerst überhaupt darüber zu informieren, was ein Archetyp überhaupt ist, wie viele es gibt und in welchem Zusammenhang diese mit der Schattenarbeit stehen.

Der Schatten ist ein Archetyp, der in uns allen existiert. Viele Menschen sind sich nicht bewusst, dass wir zwei Seiten haben: unsere positive und unsere negative Seite. Wenn wir uns nur auf die positive Seite konzentrieren, verschließen wir uns der anderen Hälfte von uns selbst. Dies führt zu Ungleichgewicht und innerer Zerrissenheit.

Wie erwähnt, gibt es neben den persönlichen Schatten sogenannte kollektive Schatten, also Schatten, die aufgrund unserer Archetypen bestimmbar sind.

Es gibt ein Schattentypensystem, das sich mit zwölf Archetypen identifiziert. Aus diesen zwölf Archetypen formt sich dann unsere Persönlichkeit.

Auf den Grundlagen von C. G. Jung hat der Psychologe Cliff Barry die Persönlichkeitsarbeit in 12 Archetypen unterteilt, die in folgende vier Gruppen eingegrenzt wurden:

- Archetyp der Souveränität – das Positive
- Archetyp des Kriegers – das Reale
- Archetyp des Magiers – das Bewusste
- Archetyp der Liebe – das Offene

Diese vier Archetypen bilden die vier Hauptgruppen, in denen die folgenden zwölf Archetypen eingeteilt sind:

- Souveränität: Idealizer, Affecter und Fosterer
- Krieger: Upholder, Contester und Establisher

- Magier: Detacher, Optionizer und Alerter
- Liebe: Relyer, Yielder und Releaser

Jeder Mensch hat seine persönliche, individuelle und einzigartige Archetypen-Kombination. Diese kann helfen, bestimmte Menschen und ihr Verhalten besser zu verstehen, und vor allem bei der Schattenarbeit kann dies helfen, um die richtige Herangehensweise zu bestimmen.

Um diese Menschen besser verstehen zu können, müssen die Archetypen näher betrachtet und anhand von folgenden Beispielen an Sie nähergebracht werden.

Der Souveräne Archetyp
Der Archetyp des Souveräns ist der Teil von uns, der im Leben die Führung übernimmt, sei es als Weltfigur, Elternteil oder Mannschaftskapitän. Er ist gekennzeichnet durch die Eigenschaft, positiv zu sein.

Der souveräne Archetyp ist inspirierend, motivierend und fördert unser Selbstbewusstsein bzw. unsere Passion, unser Selbstbewusstsein in die höchste Position zu bringen oder unsere Visionen zum höchsten Selbstbewusstsein zu festigen und in die richtige Richtung zu leiten.

Das Gefühl bzw. die Emotion der Freude kann hierbei der wichtige Schlüssel zu diesem

Archetypen sein und uns anspornen, um unsere Träume zu verwirklichen und den richtigen Weg wiederzufinden, wenn wir uns einmal verlaufen haben. Da dieser Archetyp mit dem Gefühl bzw. der Emotion der Freude aktiviert wird, steht er im Zusammenhang mit dem Positivem.

Beispiel: Sie hören Ihren absoluten Lieblingssong, der Ihnen jeden Morgen Stärke verleiht, neue Energie bringt und das Gefühl gibt, das größte Selbstbewusstsein von allen zu haben. Sie können auf dem Weg zur Arbeit sein oder vor dem Spiegel morgens beim Zurechtmachen. Sobald das Selbstwertgefühl oder auch das Ego „geboostet" wird, wird hier eventuell dieser Archetyp aktiviert.

Der kriegerische Archetyp
Der Archetyp des Kriegers ist der Teil von uns, der handelt, unsere Grenzen setzt und unsere Macht in der Welt geltend macht. Er ist gekennzeichnet durch die Eigenschaft, real zu sein.

Der kriegerische Archetyp ist zuständig für die Setzung bestimmter Grenzen, für das

Respektieren anderer Grenzen und hilft uns dabei, nur an die Notwendigkeiten des Lebens zu denken.

Das Gefühl bzw. die Emotion der Wut kommt hier zum Einsatz, denn genauso erkennen wir, wann gewisse Situationen erneut auftreten, in denen wir zurückstecken müssen, und es hilft uns, aus der Misere rauszukommen. Zudem ist die Wut ausschlaggebend dafür, Risiken einzugehen und uns Mut dafür zu schenken. Da dieser Archetyp mit dem Gefühl bzw. der Emotion der Wut aktiviert wird und uns Klarheit schenkt, nur Notwendiges zu erkennen, steht er im Zusammenhang mit dem Realen.

Beispiel: Um zu einem vorherigen Beispiel (Brechen eines Verhaltensmusters) zurückzukommen, kann man direkt einen Zusammenhang erschließen. Durch die Wut und damit die Aktivierung dieses Archetyps können wir verhindern, in die „Ja-Sager-Spirale" zu geraten, und uns erlauben, endlich mal „Nein" zu sagen. Mit der Aktivierung wird somit verhindert, dass wir uns in ein Loch begeben, aus dem wir nicht mehr oder bzw. schwer wieder rauskommen.

Der magische Archetyp

Der Archetyp des Magiers ist der Teil von uns, der zurücktritt, um eine Perspektive zu gewinnen und aus der Ferne das große Ganze zu sehen. Er zeichnet sich durch die Eigenschaft aus, bewusst zu sein.

Der magische Archetyp gibt uns Orientierung, Lenkung, Klarheit und die nötige Neutralität, um neue Entscheidungen fällen zu können und neue Wege einzuschlagen. Hier ist die Emotion bzw. das Gefühl Angst von großer Bedeutung. Mit der Angst können wir aus Situationen raus, die uns nicht wirklich von wichtiger Bedeutung zu sein scheinen, was es uns ermöglicht, diese Situationen völlig objektiv bzw. neutral von außen zu betrachten. Dieser Archetyp begleitet uns sowohl in der Zukunft als auch in der Gegenwart und kann unser bester Berater für diese sein. Da dieser Archetyp mit dem Gefühl bzw. der Emotion der Angst aktiviert wird und uns mit der Angst die Bewusstheit über Tatsachen gibt, steht er im Zusammenhang mit dem Bewussten.

Beispiel: Sie trennen sich von Ihrem langjährigen Partner und stehen nun komplett allein da und haben Angst vor dem, was alles vor Ihnen liegt – zumal Sie auch Angst hatten, sich von Ihrem Partner zu trennen. Einerseits belagert Sie förmlich positive, neue Energie, aber die Angst, neue Wege und neue Risiken einzugehen, sich allein für Ihre Zukunft verantwortlich zu fühlen, niemanden an Ihrer Seite zu haben, scheint Ihnen komplett fremd. Hier wird der magische Archetyp aktiviert und hilft Ihnen als Ratgeber dabei, mit der Angst als Aktivierungsgefühl, diese neuen Wege einzuschlagen und die Zukunft neu für Sie persönlich und individuell zu gestalten. Es ist konkret gesagt die Angst, die uns aufhält, Neues zu entdecken und neue Wege bzw. Entscheidungen zu wählen.

Der liebende Archetyp
Der Archetyp des Liebhabers ist der Teil von uns, der unsere kindliche Natur zum Ausdruck bringt, die spontan, emotional und verletzlich ist. Er ist gekennzeichnet durch die Eigenschaft, offen zu sein.

Auf den ersten Blick mögen Sie hier eventuell an einen Archetyp denken, der voller Liebe, Romantik und Herz steckt. So verkehrt mag dieser Gedanke nicht sein, allerdings wird bei den liebenden

Archetypen von einer anderen Liebe gesprochen. Es kann die Verbindung zur Natur sein, zu unserem inneren Kind und zu den Mitmenschen um uns herum, die in dem Fokus dieses Archetyps liegt. Um uns einen Zugang zu uns selbst, zu unserer Verletzlichkeit, zu schaffen und um uns überhaupt erst für die Liebe öffnen zu können, ist hier die Emotion bzw. das Gefühl der Trauer gefragt. Hierbei werden in der Trauer genau diese Zugänge geschaffen und der liebende Archetyp wird dadurch aktiviert. Da dieser Archetyp mit dem Gefühl bzw. der Emotion der Trauer aktiviert wird und uns öffnet für die Pfade zu der Verbindung mit uns selbst, steht er im Zusammenhang mit dem Offenen.

Beispiel: Nehmen wir uns dem Beispiel des Archetyps des Magiers an und denken einen Schritt weiter. Wir erinnern uns, Sie haben sich von Ihrem langjährigen Partner getrennt und stehen jetzt verzweifelt vor neuen Wegen und Entscheidungen. Sie trauern um Ihren ehemaligen Partner und die Zeit, die Sie hatten. Gerade diese Trauer öffnet allerdings genau die Ebene, die Sie brauchen, um sich neu zu entdecken. Vielleicht haben Sie das Gefühl, sich während dieser langjährigen Beziehung verloren zu haben, oder das Gefühl, einiges wiederaufleben zu lassen. Sie öffnen damit, wenn Sie wollen, eine Art Portal zur Selbstfindung und damit auch zur Liebe zu sich selbst.

UNTERGRUPPEN DER ARCHETYPEN

Diese vier Archetypen bilden die „Hauptarchetypen" der kollektiven Schatten. Diese besitzen jeweils noch eine „Untergruppe" von Archetypen, die aus jeweils drei Archetypen besteht.

Der Archetyp der Souveränität beherbergt folgende Archetypen:

▪ **Idealizer**

Der Idealizer ist der Großdenker, der immer eine bessere und größere Vision von Dingen anstrebt. Gelinde gesagt, setzt er immer einen obendrauf. Dieser Archetyp liebt das Abenteuer und sieht allem normalerweise positiv entgegen. Er liebt es, neue Menschen und Orte zu entdecken, bis er allerdings an einen Punkt gelangt, an dem es schwierig wird, sich zu festigen. Idealisieren bezieht sich auf unsere Fähigkeit, uns etwas Neues vorzustellen, das noch nie zuvor existiert hat, und insbesondere etwas Gutes in der Zukunft zu antizipieren, wie z. B. einen Traum für unser Leben oder eine Vision von Möglichkeiten, wie die Welt besser werden könnte. Idealisieren bezieht sich auch auf unsere Fähigkeit, jemanden oder etwas im bestmöglichen Licht zu sehen, wie wenn Liebende ihre Geliebte als perfekt ansehen.

Menschen mit hohen Idealisierungswerten sehen die Welt wahrscheinlich voller Möglichkeiten und haben einen aktiven, kreativen Geist, der bereitwillig neue Ideen entwickelt, wie die Dinge sein könnten. Typischerweise können sie sich leicht vorstellen, wie sie die Welt zu einem besseren Ort machen können, und verspüren daher oft den starken Wunsch, einen Beitrag zur Welt zu leisten und dabei eine Führungsrolle zu übernehmen. Idealisierer neigen auch dazu, lebhaft und vielseitig zu sein, mit einer strahlenden, optimistischen Persönlichkeit. Von Natur aus neigen sie dazu, die Sonnenseite des Lebens zu betrachten und den Becher als halb voll zu sehen. Aus dem gleichen Grund können sie sich dagegen wehren, Probleme anzuschauen oder sich mit negativen Emotionen auseinanderzusetzen. Stattdessen bleiben sie eher wach, wo sie sich inspirieren lassen und andere dazu inspirieren können, die positiven Elemente in sich selbst und ihren Umständen zu berücksichtigen.

Menschen, deren primärer Typ der Idealisierer ist, neigen dazu, die Botschaft zu verstehen, dass sie so, wie sie sind, nicht gut genug sind. Um gut genug zu sein, versuchen sie, zu kompensieren, indem sie danach streben, besser zu sein, als sie von Natur aus sind. In ähnlicher Weise neigen sie dazu, alles oder jeden, an dem sie beteiligt sind, ebenfalls in einem erhöhten Licht wahrzunehmen. Darüber hinaus fühlen sich Idealisierer oft gezwungen, sich immer weiter zu größeren und besseren Ideen auszudehnen, neue und größere Visionen zu schaffen und das Leben in idealen Bedingungen zu sehen.

Für Menschen, deren primärer Typ der Idealisierer ist, ist der Archetyp des Kriegers ihr Kryptonit und daher wahrscheinlich im Schatten. Daher wird der letzte Schritt auf ihrem Weg der Krieger sein. Um diesen Schritt zu machen, müssen sie normalerweise die Freude entdecken, ihre Fähigkeit zu entwickeln, Grenzen setzen, um ihre Tendenz zu setzen, sich kontinuierlich auszudehnen und durch ihre kriegerische Energie ihre eigene Freiheit sowie ihre Verwundbarkeit zu schützen.

▪ Affecter

Affecter präsentieren sich uns als selbstbewusste, anziehende und vollkommene Personen. Sie können andere mit ihrer positiven und ausgelassenen Art in den Bann ziehen und stellen eine gute Führungsperson dar. Sie sind selbstsicher und sich bewusst, dass sie alles meistern können. Sie leben und lieben das Risiko, das sie allerdings manchmal in Gefahr bringen kann, abzustürzen bzw. hinzufallen. Ihr Image ist für sie heilig und sie können es nicht ertragen, als Versager dazustehen.

„Beeinflussen" bezieht sich zum Teil auf die Fähigkeit, sich so zu präsentieren, dass der gewünschte Eindruck bei anderen entsteht. Imagemanagement oder unser Bestes geben, um einen guten ersten Eindruck zu hinterlassen, sind Beispiele für das Beeinflussen. Darüber hinaus beinhaltet Beeinflussung die Fähigkeit, so zu tun, als ob wir etwas tun oder tun könnten, was möglicherweise nicht der Fall ist. Auf der anderen Seite sind Betrüger erfahrene Affekteure. Zudem können wir uns, indem wir Selbstvertrauen zeigen,

33

anstrengen, etwas zu sein oder zu tun, was über das hinausgeht, was wir vorher wussten. „Es vorzutäuschen, bis man es geschafft hat" und „ein fröhliches Gesicht aufzusetzen" sind beides Beispiele für Beeinflussung.

Menschen, die beim Affecter-Typ eine hohe Punktzahl erzielen, sind normalerweise tief besorgt darüber, wie sie von anderen wahrgenommen werden. Sie streben oft danach, andere zu beeindrucken, insbesondere mit ihren Fähigkeiten und Leistungen. Kein Wunder also, dass der typische Affecter beeindruckend ist. Er oder sie ist wahrscheinlich außergewöhnlich kompetent und versiert. Darüber hinaus haben Betroffene typischerweise einen ausgeprägten Sinn für Mission.

Betroffene sind in der Regel zielorientiert und hochmotiviert, ihre Ziele zu erreichen. Sie sind normalerweise harte Arbeiter und arbeiten Tag und Nacht, als wären sie mit ihrem Job verheiratet. Darüber hinaus streben sie sowohl in ihrer Arbeit als auch in ihren Hobbys typischerweise nach Exzellenz. Im Gegenzug werden ihre Bemühungen häufig mit Lob und Anerkennung von anderen belohnt. Diese Belohnungen der Anerkennung sind für sie im Allgemeinen so wertvoll, dass Affekteure sich häufig Herausforderungen stellen, da sie mehr Möglichkeiten haben, sich zu beweisen.

Menschen, deren primärer Typus der Affekt ist, tragen normalerweise die souveräne Kernwunde des Glaubens, dass sie nicht gut genug sind, so, wie sie sind. Um mit diesem verletzenden Glauben fertig zu werden, besteht die Strategie, der Affekteure tendenziell folgen, darin, zu versuchen, sich die Liebe und den Respekt der Menschen zu verdienen, indem sie alles tun, um zu zeigen, dass sie tatsächlich gut genug sind. Folglich neigen Affekteure dazu, von dem Bedürfnis angetrieben zu werden, gut auszusehen. Doch aufgrund des nagenden inneren Zweifels, dass sie nicht wirklich gut genug sind, müssen sie sich immer mehr anstrengen, um sich zu beweisen, sei es, indem sie mehr erreichen, mehr geben, sich mehr verbessern oder sich auf andere Weise der Welt beweisen.

Für Menschen, deren primärer Typ der Affecter-Typ ist, ist der Liebhaber-Archetyp ihr Kryptonit und daher wahrscheinlich im Schatten. Der letzte Schritt auf ihrem Weg wird also der

Liebhaber sein. Um diesen Schritt zu machen, müssen sie normalerweise ihre verletzlichen Teile akzeptieren und wertschätzen, um zu erkennen, dass sie bereits gut genug sind, so, wie sie sind.

▪ **Fosterer**

Der Fosterer ist der Archetyp, der seine Unterstützung für jeden, der sie braucht, mit vollem Einsatz bereitstellt. Er hat einen gewissen Impuls oder Instinkt für Hilfesuchende und erkennt sofort, welche Bedürfnisse andere haben und wie er diese unterstützen kann. Man könnte behaupten, dass diese Archetypen an dem Helfersyndrom leiden. Doch genau dies kann eine gewisse Gefahr darstellen, wenn sie sich manipuliert oder ausgenutzt fühlen und als selbstverständlich wahrgenommen werden. Etwas zu fördern bedeutet, es zu kultivieren und sein Wachstum zu fördern, wie eine Mutter, die ihr Kind ernährt, oder eine Lehrerin, die Schülern beim Lernen hilft. Wenn wir anderen auf irgendeine Weise helfen, sei es durch materielle oder emotionale Unterstützung, fördern wir. Fostering befähigt Menschen und bietet sowohl Wärme als auch Unterstützung. Es baut

Beziehungen auf, die darauf basieren, anderen Menschen zu geben und ihnen zu helfen.

Menschen, die beim Typ Fosterer gut abschneiden, helfen normalerweise gerne anderen und fühlen sich instinktiv dazu hingezogen, sich um Bedürftige zu kümmern. Darüber hinaus scheinen sie eine fast unheimliche Fähigkeit zu haben, die Rolle der großen Mutter oder des großen Vaters für fast jeden zu spielen. Als Reaktion darauf fühlen sich andere Menschen wegen der Wärme und nährenden Unterstützung, die sie bieten, häufig zu ihnen hingezogen. Infolgedessen werden Fosterer oft für Führungspositionen ausgewählt, insbesondere, wenn die Position die Übernahme von Verantwortung für andere beinhaltet.

Menschen, deren primärer Typ der Pfleger ist, tragen normalerweise die souveräne Kernwunde des Glaubens, dass sie nicht gut genug sind, wie sie sind. Um mit diesem verletzenden Glauben fertig zu werden, besteht die Strategie, der Pfleger folgen, darin, zu versuchen, genug zu geben, in der Hoffnung, genug zu sein. Insbesondere neigen sie dazu, von anderen zu nehmen und immer mehr und mehr zu geben, normalerweise, ohne die Mängel anderer Menschen wahrzunehmen.

Für Menschen, deren primärer Typ der Fosterer ist, ist Magierenergie ihr Kryptonit und daher wahrscheinlich im Schatten. Somit wird der letzte Schritt auf ihrem Weg zum Magier führen. Um diesen Schritt zu machen, müssen Fosterer normalerweise ihre Fähigkeit entwickeln, die negativen Seiten der Menschen zu sehen, damit sie lernen können, angemessen zu geben, das heißt, auf die vorteilhafteste Weise für sich selbst und andere.

Der Archetyp des Kriegers beinhaltet folgende drei Archetypen:

▪ **Upholder**

Der Upholder ist der gerechte und faire Archetyp. Upholder stehen für alles ein, was gerecht ist, und verteidigen dieses, selbst wenn sie damit einige Steine in die Wege legen, um Beziehungen zu stärken. Sie halten fest an dem Glauben, dass es ihre Pflicht wäre, für die Gerechtigkeit zu kämpfen – doch genau dies könnte ihnen zum Verhängnis werden. Durch diese regelrechte Obsession und den Drang nach Gerechtigkeit können sie oft fanatische Züge entwickeln.

Das Wort „aufrechterhalten" bedeutet, etwas zu unterstützen oder zu verteidigen. Wir halten etwas aufrecht, wenn wir uns dafür einsetzen, wie wenn wir uns für ein Prinzip einsetzen oder uns für eine Sache einsetzen. Von Richtern wird erwartet, dass sie das Gesetz wahren, wenn sie über einen Fall entscheiden, genauso wie der Oberste Gerichtshof die Grundsätze der Verfassung wahrt, beispielsweise wenn er das Recht einer Gruppe auf freie Meinungsäußerung bestätigt hat. Eltern bemühen sich, ihre Werte zu wahren oder ihren Kindern zu vermitteln. Als Einzelpersonen streben wir danach, unsere Würde und Einzigartigkeit zu wahren. Auf biologischer Ebene arbeiten alle Organismen ständig daran, die Homöostase aufrechtzuerhalten.

Auf sozialer Ebene entsteht die Qualität des Haltens in der frühen Kindheit, wenn wir anfangen, durch die Reaktionen unserer Bezugspersonen auf uns Gutes von Schlechtem zu trennen, das heißt, was gut ankommt, was Missbilligung oder andere Bestrafung hervorruft, ist schlecht. Bei diesen täglichen Kalibrierungen verinnerlichen wir die Werte unserer Betreuer, die dann zu unseren eigenen Maßstäben für richtig und falsch werden.

Wir berücksichtigen auch die Überzeugungen und Prinzipien unserer Betreuer. All dies bildet einen zentralen Kern unserer Identität. Selbst wenn wir sie während unseres Wachstums ändern, spielen die Standards, die wir zu jedem Zeitpunkt halten (und hochhalten), eine zentrale Rolle bei der Definition von uns und der Gestaltung unseres Lebens.

Obwohl die Einhaltung ein Aspekt des Lebens eines jeden ist, scheinen sich einige Menschen stärker als andere für ihre Standards verantwortlich zu fühlen. Für diese Menschen ist die Eigenschaft des Hochhaltens ein so vorherrschendes Merkmal ihrer Persönlichkeit, dass wir sie den Upholder-Schattentyp nennen. Sie zeichnen sich dadurch aus, dass sie – wenig überraschend – ein erhöhtes Bewusstsein dafür haben, was richtig oder falsch, fair oder unfair, gut oder schlecht ist. Ebenso neigen sie dazu, die Dinge in klaren Begriffen zu sehen: „ja oder nein", „dies oder das", „mag oder mag nicht".

Menschen, die Upholder werden, wurden oft früh im Leben scharfer Kritik ausgesetzt, hielten an hohen Standards fest oder erlitten eine Härte, die sie als Strafe für falsches Handeln interpretierten. Ihrer Erfahrung nach war es so, als würde ihnen gesagt: „Wenn du nicht das Richtige tust, oder wenn du die Dinge nicht richtig machst, wirst du nicht akzeptiert. Etwas Schlimmes wird dir passieren."

Die strategische Reaktion, um zusätzliche Kritik oder Schmerzen zu vermeiden, besteht darin, sich der Regeln oder Bedingungen des richtigen Verhaltens bewusst zu werden, damit sie vermeiden können, etwas Falsches zu tun. Als Gruppe zeichnen sie sich dadurch aus, dass sie ein erhöhtes Bewusstsein dafür haben, was richtig oder falsch, fair oder unfair, gut oder schlecht ist, zumindest nach ihren eigenen Maßstäben. Ihr Leben scheint sich zu einem großen Teil darum zu drehen, diese Standards in ihrem eigenen persönlichen Leben und in der Welt um sie herum aufrechtzuerhalten. Infolgedessen hat diese Art von Person – der Erhalter – typischerweise ein starkes Zielbewusstsein und wird von einem Pflichtgefühl getrieben.

Verfechter neigen dazu, die Dimension der Offenheit oder den Liebhaber-Archetyp, der die kindlichen Eigenschaften von Spontaneität, Verletzlichkeit und Abhängigkeit verkörpert, zu vermeiden oder in den Schatten zu stellen. Spontan zu sein bedeutet, ohne vorgegebene Struktur oder Plan zu handeln – ohne klare Spielregeln. Aber ohne die richtige Spielweise zu kennen, laufen sie Gefahr, versehentlich etwas falsch zu machen und kritisiert oder verspottet zu werden. Einfach Spaß zu haben, kann daher eine Herausforderung für U-pholder sein.

Um ausgeglichen zu werden, müssen Upholder die kindliche Seite von sich selbst und anderen akzeptieren. Dabei überarbeiten sie wahrscheinlich die von ihnen hochgehaltenen Standards, um die Werte Freude, verletzliche Gefühle und Verbundenheit einzubeziehen. Ironischerweise besteht eine Möglichkeit, sie zu dieser Veränderung zu motivieren, darin, darauf hinzuweisen, dass es gut ist, fröhlich, verletzlich und offen zu sein – das heißt, ihre eigene Strategie des Strebens, die Dinge richtigzumachen, zu nutzen, um ihnen eine entspanntere, freudvollere Art zu zeigen.

▪ Contester

Contester beschreiben sich als mutige und gelassene Typen, die mit der Macht und Führung im Einklang sind. Konkurrenz und Wettbewerb genießen sie vollständig und blühen darin auf. Die

Kontrolle übernehmen sie problemlos, bis ihnen ihre Aggressivität zum Verhängnis wird. Anfechten kann bedeuten, die Gültigkeit von etwas anzufechten, wie z. B. das Anfechten einer Behauptung. Es kann auch bedeuten, an einem Wettbewerb teilzunehmen. In diesem letzteren Sinne verwendet, bedeutet das Anfechten, sich gegen etwas oder jemanden zu wehren, um unsere Grenzen zu testen und dadurch ein Maß dafür zu bekommen, wer wir sind.

In diesem Sinne ist der Wettkampf ein natürlicher Teil der Selbstentwicklung. Sowohl Kleinkinder als auch Teenager bilden ihre Identität zu einem großen Teil dadurch, dass sie gegen die von ihren Eltern gesetzten Grenzen stoßen. Diese Anfechtungsfähigkeit ermöglicht es den Menschen, Grenzen um sich selbst zu ziehen und zu erklären, dass „dies das Territorium meines Seins ist; das ist, wer ich bin."

Menschen, deren Haupttyp der Contester ist, scheinen während ihres Selbstbildungsprozesses eine Störung erlebt zu haben, mit dem Ergebnis, dass sie sich ihrer Identität im Allgemeinen nicht sicher sind und oft die verletzende Botschaft vermitteln, dass sie keine Rolle spielen. Diese Wunde spielt sich typischerweise bei Contestern ab, indem sie weiter konkurrieren, an Grenzen stoßen und ihre Grenzen durchsetzen.

Ein weiterer Eingriff in die kriegerische Energie eines Contesters besteht darin, zu fragen, was riskiert wird, um das zu erreichen, was er will. In der Klärung der Risiken ist er dann in der Lage, sich der Herausforderung des Eingehens des Risikos zu stellen.

Für Menschen, deren primärer Typ der Contester ist, ist der Archetyp des Magiers ihr Kryptonit und daher wahrscheinlich im Schatten. Daher wird der letzte Schritt auf ihrem Weg wahrscheinlich in ihren Magier führen, der eine objektive Haltung bietet, um die Weisheit zu sehen, die in ihren verletzlichen Seiten eingebettet ist. Um diesen Schritt zu tun, müssen sie normalerweise sehen, wie sie ihre schützende, kriegerische Energie nutzen können, um einen sicheren Ort zu schaffen, an dem sie ihre Schwachstellen betrachten können.

▪ Establisher

Der Establisher ringt regelrecht darum, seine Individualität um jeden Preis beizubehalten. Lieber würde er jegliche Art von Beziehung aufgeben, als seine Individualität aufzugeben. Er möchte einzigartig und besonders bleiben. Kreativität und Originalität sollen ihm dabei helfen, diese Individualität aufrechtzuerhalten. Dies könnte allerdings auch zum Nachteil werden, sobald sich der Archetyp als besessen von sich selbst bewährt. Eine der Hauptaufgaben der Personwerdung ist die Identitätsbildung. Während wir verschiedene Erfahrungen im Leben machen, entdecken wir immer mehr über uns selbst. Dabei werden wir uns zunehmend bewusst, wer wir als Individuum sind, getrennt und verschieden von allen anderen.

Dieser Prozess der Entwicklung eines Selbstwertgefühls – unseres Selbstseins – beginnt normalerweise innerhalb der ersten zwei Lebensjahre, und zwar damit, was Psychologen die Autonomiephase nennen, in welcher Eltern aber besser als die „schrecklichen Zweien" bekannt sind. In der Pubertät wird es oft noch einmal verstärkt, wenn Teenager typischerweise gegen Eltern und die Gesellschaft drängen, um ihren eigenen Weg zu finden. Wir sehen es manchmal wieder im mittleren Alter, an diesem Punkt wird es als „Midlife-Crisis" bezeichnet. Doch während des ganzen

Lebens können wir in unterschiedlichem Maße und auf unterschiedliche Weise in einen Prozess der Selbstfestigung verwickelt sein, das heißt, unseren eigenen, einzigartigen Platz in der Welt hervorheben. Für manche Menschen ist der Prozess der Etablierung jedoch zentral für ihre Persönlichkeit. Sie passen zu dem, was wir den Gründer-Schattentyp nennen.

Gründer sind in der Regel mehr als die meisten Menschen darauf ausgerichtet, zu definieren, wer sie sind, und ihre Einzigartigkeit auszudrücken. Ihr Bedürfnis, aufzufallen und etwas Besonderes zu sein, kann dazu führen, dass sie sich von anderen abheben, was manchmal zu Einsamkeit führt. Selbst wenn sie sich Gruppen anschließen, sind sie oft diejenigen, die die Dinge anders machen, die den Rebellen spielen oder die vielleicht sogar als diejenigen mit besonderen Bedürfnissen auftauchen. Auf die eine oder andere Weise werden sie normalerweise einen Weg finden, sich von anderen abzuheben.

Der Establisher-Schattentyp ist wahrscheinlich der Nonkonformist der Gesellschaft, der Individualist, der die weniger befahrenen Straßen nimmt und dem Schlag einer anderen Trommel folgt. Im weiteren Sinne sind Gründer oft Wegbereiter, erfinden neue Produkte und Technologien, entwerfen neue Moden, schaffen originelle Kunst und so weiter. Sie mögen sich dazu hingezogen fühlen, ihre Umgebung zu einem Kunstwerk zu machen, sich unverwechselbar zu kleiden und sich zu ungewöhnlichen, geschmackvollen Besitztümern hingezogen zu fühlen. Erfolgreich sind sie auch, denn Erfolg stiftet Identität: Wenn jemandem etwas gelungen ist, hat er oder sie das Recht, zu sagen: „Ich bin ein/e hervorragende/r Geschäftsmann, Führungskraft, Sportler, Künstler." All das sagt aus: Hier ist ein Mensch, der kreativ ist, der erfolgreich ist, oder auf andere Weise ein Mensch, der unverwechselbar ist.

Der Archetyp des Magiers führt folgende drei Archetypen an:

▪ **Detacher**

Der Detacher ist eher ruhig und beobachtet objektiv das Leben an sich. Er ist selbstständig und unabhängig und benötigt eine gewisse Distanz zu allem, um seine Coolness zu wahren.

Menschen mit hohen Werten für den Detacher-Typ sind normalerweise gut darin, einen

Schritt zurückzutreten, zu beobachten und eine Perspektive auf Menschen und Situationen zu gewinnen. Tatsächlich fühlen sie sich im Allgemeinen wohler, Abstand zu halten, als sich ins Getümmel zu stürzen. Sie entsprechen oft dem Profil eines Introvertierten, also einer Person, die sich in der Einsamkeit zu Hause fühlt. Obwohl Detacher gerne mit anderen Menschen zusammen sind, brauchen sie normalerweise viel Auszeit, sowohl um ihre Batterien wieder aufzuladen als auch um auf ihre Gefühle zuzugreifen und sie zu verarbeiten.

Doch selbst dann scheinen sie ihre Emotionen durch ihren Intellekt zu filtern, anstatt sie viszeral als Energie in ihren Körpern zu erfahren. In jedem Fall halten sich Detacher im Allgemeinen von emotionaler Intensität fern und bevorzugen die Welt des Geistes.

Menschen, deren primärer Typ der Detacher ist, scheinen eine Wunde zu tragen, die tatsächlich sagt: „Tief im Inneren bist du ein Bösewicht. Irgendetwas stimmt nicht mit dir." Die Angst, dass dieser verletzte Glaube tatsächlich wahr sein könnte, ist oft ein Schlüsselfaktor in der Psyche, der Persönlichkeit und dem Verhalten des

Detachers. Eine distanzierte Haltung zu bewahren, stellt zum Beispiel einen sicheren Weg dar, um zu vermeiden, dass das, was im Inneren ist, preisgegeben wird, was schlecht sein könnte. Das hochaktive geistige Leben, das Detachers auszeichnet, kann auch von derselben Angst herrühren, denn sie sind besser in der Lage, jede Schlechtigkeit durch den Verstand unter Kontrolle zu halten, als zu riskieren, dass etwas Unerwünschtes durch den spontaneren Ausdruck von Emotionen herausplatzt.

Für Menschen, deren primärer Typ der Detacher ist, ist der Liebhaber-Archetyp ihr Kryptonit und daher wahrscheinlich im Schatten. Daher ist der letzte Schritt auf dem Weg für diese Menschen wahrscheinlich der Weg zu ihrem Liebhaber. Um diesen Schritt zu tun, müssen sie in der Regel verstehen, dass sie nicht nur in ihrem Kopf sind, was eine Kritik ist, die sie wahrscheinlich ihr ganzes Leben lang gehört haben, sondern dass sie eigentlich sehr emotionale Menschen sind, die mit dem Gefühl der Angst besonders vertraut sind.

▪ **Optionizer**

Der Optionizer ist durch seine Fähigkeit, sich in unterschiedliche Perspektiven hineinzuversetzen, dazu in der Lage, Harmonie zwischen Parteien zu schaffen. Optionizer halten sich zudem alle Möglichkeiten offen, sollten allerdings schnell handeln. Die Aufschiebung jeglicher Entscheidungen der offen gehaltenen Möglichkeiten könnte ihnen nämlich zum Verhängnis werden.

Optionisieren bedeutet, verschiedene Möglichkeiten oder Perspektiven in Betracht zu ziehen. Im täglichen Leben wählen wir jedes Mal Optionen aus, wenn wir Alternativen prüfen, bevor wir eine Entscheidung treffen, sei es eine Bestellung aus einem Menü, die Auswahl einer Reiseroute oder ein Vorstellungsgespräch mit Bewerbern, um eine Stelle zu besetzen. Wenn sie vor einer wichtigen Entscheidung stehen, beginnen die meisten Menschen damit, die Reihenfolge zu wählen, um die beste Wahl zu treffen.

Menschen, die als Optionierer gut abschneiden, zeichnen sich in der Regel durch die Tendenz aus, viele verschiedene Optionen in Betracht zu ziehen und die verschiedenen Standpunkte zu verstehen, die in einer bestimmten Situation zum

Tragen kommen können. Sie scheinen von der Entdeckung neuer Möglichkeiten zu profitieren, und sie widersetzen sich normalerweise, wenn sie unter Druck gesetzt werden, zwischen ihnen zu wählen. Für Optionizer bringt das Treffen einer Entscheidung nicht unbedingt das Gefühl der Erleichterung und Ermächtigung, das es anderen bringt. Stattdessen fühlen sie sich eher eingeschränkt, wenn sie eine Wahl treffen, als ob sie sich selbst davon abgehalten hätten, eine noch bessere Gelegenheit zu finden.

Menschen, deren primärer Typ der Optionizer ist, scheinen eine Kernwunde davon zu tragen, dass sie schlecht sind. Oft resultierte diese Wunde daraus, dass wir früh im Leben eine unmögliche Wahl treffen mussten, wie z. B. die Wahl zwischen der Scheidung der Eltern oder zwischen unserer natürlichen Art, zu sein, und den Erwartungen anderer, wie wir sein sollten. Das Ergebnis ist, dass Optionizer sich paralysiert fühlen können, wenn sie vor einer Entscheidung stehen, als ob sie befürchten, dass ihre Wahl negative Folgen haben wird.

Für Menschen, deren primärer Typ der Optionizer ist, ist der Krieger-Archetyp ihr Kryptonit und daher wahrscheinlich im Schatten. Daher wird der letzte Schritt auf dem Weg für diese Menschen wahrscheinlich in ihre Kriegerenergie führen. Um diesen Schritt zu tun, müssen sie oft erkennen, dass das Treffen von Entscheidungen und die Anerkennung dessen, was sie wirklich wollen, mehr positive als negative Folgen haben kann.

▪ **Alerter**

Der Alerter hinterfragt alles und jeden und achtet auf jedes noch so kleine Problem und Detail. Man beschreibt Alerter gerne als „gute Whistleblower, Anwälte des Teufels oder auch Wachhunde". Diese Vorsicht könnte allerdings von großem Nachteil sein, denn das hämische Verhalten und ständige Neinsagen, könnte ihnen im Wege stehen. Wach zu sein bedeutet, auf potenzielle Bedrohungen und Möglichkeiten um uns herum zu achten. Menschen, die beim Alerter-Schattentyp gut abschneiden, neigen normalerweise stark dazu, sich potenzieller Gefahren und Bedrohungen bewusst zu sein.

Als Gruppe haben Alerter normalerweise einen klaren, scharfen Intellekt und eine starke Wahrnehmungskraft. Da sie von Natur aus wachsam sind, sehen sie oft Dinge, die andere übersehen. Sie neigen auch dazu, kritische Denker zu sein, die alles in Frage stellen, was zu gut scheint, um wahr zu sein. Daher sind sie oft die Skeptiker in der Masse oder die Advokaten des Teufels. Sie dienen der Gruppe eigentlich als Wachhunde und warnen vor möglichen Gefahren, die andere vielleicht nicht bedacht haben. Sie neigen auch dazu, Autoritäten gegenüber misstrauisch zu sein, weil Macht potenziellen Schaden anrichten kann. Aus diesem Grund zögern sie möglicherweise, selbst Autoritätspositionen zu übernehmen.

Menschen, deren primärer Typ der Warner ist, scheinen eine Wunde zu tragen, die tatsächlich sagt: „Tief im Inneren bist du ein Bösewicht. Irgendetwas stimmt nicht mit dir." Wenn mit ihnen etwas nicht stimmt, dann könnte auch mit anderen etwas nicht in Ordnung sein. Denn wenn ich innerlich schlecht sein kann, kannst du das auch, und deshalb muss ich mich vor beidem schützen. Warner reagieren auf diese Angst, indem sie auf alles achten, was schiefgehen könnte. Grundsätzlich streben sie danach, Sicherheit für sich und andere zu schaffen, indem sie auf Brände hinweisen, damit sie gelöscht werden können, bevor jemand verbrannt wird.

Eine Möglichkeit, Alertern zu helfen, sich sicher zu fühlen, besteht darin, eine Art intellektuelles Wissen bereitzustellen. Insbesondere das Wissen, das am hilfreichsten ist, ist das Verständnis, dass das, was andere an ihnen als Negativität betrachten, tatsächlich ihre Bemühungen sind, Menschen vor dem potenziellen Schaden zu schützen, der entstehen könnte, wenn sie naiv vorgehen, ohne zuerst nach potenziellen Bedrohungen zu suchen. Im Wesentlichen hilft dieses Verständnis, die Scham von der Kritik zu nehmen, die sie wahrscheinlich von anderen gehört haben, weil sie „Neinsager" zu sein scheinen. So ziemlich jede Art, das, was an ihnen schlecht aussieht, in etwas Gutes umzuwandeln, kann nützlich sein, solange die Darstellung des Guten aufrichtig ist.

Für Menschen, deren primärer Typ der Alerter ist, ist der souveräne Archetyp ihr Kryptonit und daher wahrscheinlich im Schatten. Daher wird der letzte Schritt auf dem Weg für diese Menschen wahrscheinlich in ihre souveräne Energie führen. Um diesen Schritt zu tun, müssen sie normalerweise lernen, wie sie auf das Gold in dem zugreifen können, was negativ erscheint, damit sie eine positive Vorstellung davon haben können, was sie aus einer souveränen Führungsrolle zu bieten haben.

Der liebende Archetyp hat folgende Archetypen unter seiner Obhut:

▪ **Relyer**

Der Relyer ist ein abhängiger Typ. Er braucht ständig eine führende Hand, die die richtige Richtung zeigt und einem stets an der Seite ist. Relyer streben nach Verbindung und Zugehörigkeit anderer bis zu dem Zeitpunkt, an dem sie sich allein dem Leben stellen und Grenzen aufgeben müssen. Sie neigen zu der Tendenz der Unterwürfigkeit. Sich verlassen heißt, sich auf jemanden oder etwas zu verlassen. Wenn wir uns auf andere verlassen, sind wir mit ihnen verbunden, und unsere Verbindung entsteht aus der Position, verwundbar zu sein.

Menschen, deren höchste Punktzahl der Relyer-Typ ist, scheinen ein besonders starkes Bedürfnis nach Verbindung und Zugehörigkeit zu haben. Der Ansatz, den sie häufig wählen, um dieses Bedürfnis zu erfüllen, besteht darin, sich an

55

andere zu wenden, um sich um sie zu kümmern oder ihnen etwas zu geben. Sie fühlen sich normalerweise wohler, wenn sie von anderen abhängig sind, als dass andere von ihnen abhängig sind, und so neigen sie dazu, in ihren Beziehungen im empfangenden Modus zu sein. Obwohl Relyer in ihrem Leben als Ganzes sehr gut funktionieren, scheinen sie ein Talent dafür zu haben, Hilfe von anderen zu erbitten. Abgesehen von spezifischen Bedürfnissen schätzen sie jedoch typischerweise die starken und erfüllenden Bindungen, die sie durch ihre Abhängigkeit von anderen eingehen.

Menschen, deren primärer Typ der Relyer ist, haben oft eine Kernwunde oder den falschen Glauben, dass sie nicht wirklich eine liebevolle Person sind oder dass sie nicht wissen, wie man richtig liebt. Als Reaktion darauf können Relyer fast über Bord gehen, um Beziehungen aufzubauen und aufrechtzuerhalten. Ihre Art, dies zu tun, besteht darin, andere Menschen dazu zu bringen, ihnen zu helfen oder ihnen auf irgendeine Weise etwas zu geben.

Für Menschen, deren primärer Typ der Relyer ist, ist der Archetyp des Kriegers ihr Kryptonit und daher wahrscheinlich im Schatten. Daher wird der letzte Schritt auf dem Weg für diese Menschen wahrscheinlich in ihren Krieger führen.

Relyer-Typen müssen normalerweise lernen, in ihren Beziehungen angemessene Grenzen zu setzen, was normalerweise bedeutet, dass sie erkennen, dass sie ihre Beziehungen stärken und nicht schwächen können, indem sie sich behaupten und autarker werden.

▪ Yielder

Der Yielder erträgt lieber die Schicksale als gegen sie anzukämpfen. Sie finden eine eigene Gruppe gleichgesinnter und leben in dieser Gruppe solidarisch zu anderen, die eventuell ähnlich in ihrem Vorhaben sind, sich dem Schicksal zu fügen. Jedoch könnten sie irgendwann an den Punkt im Leben angelangen, wo sie sich dem bewusst werden, dass sie sich ohne einen großen Kampf und Widerstand dem Schicksal, ohne weiteres, gefügt haben. Nachgeben bedeutet im Zusammenhang mit Schattentypen, etwas Unangenehmem oder Schwierigem nachzugeben oder sich einer Hingabe zu unterwerfen. Wir geben zum Beispiel nach, wenn wir der Trauer nachgeben und einen Verlust akzeptieren, wie den Tod eines geliebten

Menschen oder den Verlust eines Arbeitsplatzes, den wir uns gewünscht haben. Nachgeben ist keine direkte, beobachtbare Handlung, sondern Initiative ergreifen. Stattdessen ist es der rezeptive Akt des Akzeptierens dessen, was geschieht, anstatt proaktiv etwas geschehen zu lassen.

Menschen, deren primärer Typ der Yield-Typ ist, werden normalerweise nicht dabei angetroffen, Schwierigkeiten zu leugnen oder davonzulaufen; im Gegenteil, sie scheinen eine größere Fähigkeit zu haben, Härten zu ertragen, als der Durchschnitt. Daher sind Yielder eher bereit als die meisten Menschen, sich den harten Realitäten des Lebens zu stellen, die andere Menschen oft zu vermeiden versuchen. Yielder neigen auch dazu, sich dem zu unterwerfen, was gerade passiert. Sie reagieren wahrscheinlich nicht direkt auf das, was passiert, oder versuchen, die Dinge offen zu ändern. Da sie im Allgemeinen an das Aushalten von Schwierigkeiten gewöhnt sind, neigen sie außerdem dazu, in Gruppen die undankbaren Aufgaben für die Gruppe zu übernehmen. Wenn schwierige Grundarbeit zu erledigen ist, werden die Yielders in der Gruppe wahrscheinlich die ersten sein, die aufstehen und sie angehen.

Menschen, deren Haupttyp der Nachgiebige ist, tragen im Allgemeinen den falschen Glauben, dass sie Menschen nicht lieben oder dass sie nicht angemessen lieben. Als Reaktion darauf versuchen Yielder oft, auf eine Weise zu handeln, die für sie wie Liebe aussieht. Darüber hinaus haben sie möglicherweise bestimmte Lebenserfahrungen gemacht, in denen sie unfähig waren, unangenehme Umstände zu ändern. Was aus ihrer Sicht wie Liebe aussieht, bedeutet daher, sich anderen auf schmerzhafte Weise hinzugeben oder in eine Opferrolle zu schlüpfen.

Für Menschen, deren primärer Typ der Yielder ist, ist der souveräne Archetyp ihr Kryptonit und daher wahrscheinlich im Schatten. Daher wird der letzte Schritt auf dem Weg für diese Menschen wahrscheinlich in ihre souveräne Energie führen. Dieser Schritt bedeutet normalerweise, die Hoffnung wiederzugewinnen, die verloren geht, wenn jemand ein Opfer ist, und auch die Kraft, die Führung zu übernehmen, um das zu schaffen, was sie für sich selbst und für andere wollen.

▪ Releaser

Der Releaser ist eine spontane und impulsive Person, die ihren Gefühlen freien Lauf lässt und auch nicht davor zurückschreckt, diese offen zu zeigen. Releaser suchen oftmals nach Abenteuern und freiem Spaß, sind hemmungslos und frei. Sie sehnen sich nach intimer Intensität sowohl auf körperlicher als auch emotionaler Ebene und können schnell in eine Melodramatik fallen, die sie in eine Abhängigkeit führt. Loslassen bedeutet, etwas loszulassen, wie das Loslassen eines Balls, an dem wir uns festgehalten haben, oder Tränen, die wir zurückgehalten haben. Im Zusammenhang mit Schattentypen bedeutet Loslassen, alles zuzulassen, was wir gerade denken oder fühlen, wie z. B. auf unsere Impulse reagieren, das aussprechen, was uns beschäftigt, und unsere Emotionen ausdrücken, sogar bis hin zur Katharsis.

Menschen, die beim Releaser-Typ hoch punkten, lassen bereitwillig ihre inneren Erfahrungen, das heißt, ihre Emotionen und körperlichen Empfindungen, in ihren äußeren Ausdruck fließen. Mit anderen Worten, sie halten sich nicht zurück, sondern neigen dazu, spontan und ausdrucksstark zu sein. Infolgedessen neigen sie dazu, kreativ und individualistisch zu sein. Sie können im Vergleich zu anderen Menschen sehr emotional wirken und ziehen in einer Gruppe wahrscheinlich die Aufmerksamkeit auf sich.

Menschen, deren primärer Typ der Befreier ist, tragen normalerweise die Kernwunde so tief in sich, dass sie keine liebevolle Person sind. Um dies zu kompensieren, versuchen sie, zu beweisen, dass sie lieben können, indem sie sich auf eine Weise verhalten, die ihnen liebevoll erscheint, z. B. emotional und ausdrucksstark.

Für Menschen, deren primärer Typ der Befreier ist, ist der Archetyp des Magiers ihr Kryptonit und daher wahrscheinlich im Schatten. Daher ist der letzte Schritt auf dem Weg für diese Menschen wahrscheinlich der Weg zu ihrem Magier. Um diesen Schritt zu tun, brauchen sie normalerweise die Fähigkeit des Magiers, sich zurückzuhalten und eine Perspektive auf ihre Emotionen zu bekommen, anstatt in ihren subjektiven Erfahrungen eingetaucht zu bleiben.

Da sie außerdem dazu neigen, sehr individualistisch zu sein und ihren eigenen inneren Eingebungen zu folgen, müssen sie den Wert der angesammelten Weisheit der Jahrhunderte erkennen, die im Archetyp des Magiers gespeichert ist.

Nach dieser ganzen Aufzählung unterschiedlicher Archetypen kann es gut sein, dass Sie sich in dem einen oder anderen Typen wiedergefunden haben und vielleicht anfangen, zu reflektieren. Vielleicht wollen Sie sich auch nicht eingestehen, dass Sie gewisse Gefühle und Verhaltensweisen möglicherweise jahrelang verdrängt haben.

Auch diese bewusste Verdrängung ist in der Schattenarbeit ein typisches Phänomen und kann zusammen mit Coaches bzw. Ansprechpersonen analysiert und aufgearbeitet werden.

In der Schattenarbeit werden diese bewussten Verdrängungen als „Verdrängungsmechanismen" bezeichnet.

Verdrängungs-mechanismen

Um zu bestimmen, ob und welche Verdrängungsmechanismen wir anwenden, ist es wichtig, zu verstehen und zu wissen, ob und was wir genau verdrängen. Wovon wollen wir nichts wissen? Was haben wir tief und bewusst in unserer Kiste verstaut? Worüber wollen wir uns bewusst nicht im Klaren sein? Was wollen wir verstecken?

Es ist wichtig, zu verstehen und zu akzeptieren, dass wir etwas überhaupt verdrängen, und den Mut aufzubringen bzw. bereit zu sein, sich diesen Verdrängungen, mögen sie noch so schwierig und schmerzhaft sein, zu stellen.

Manchmal wollen wir einiges nicht wahrhaben oder uns wird ständig etwas an den Kopf geworfen, was wir vielleicht wissen, aber bewusst verdrängen. Wir rennen vor dem weg, was uns Angst macht. Wir haben Angst vor der Gegenüberstellung dieser, von uns wahrgenommenen, Schwächen. Diese Angst kann sich so weit entwickeln, dass sich jegliche Verdrängung, sei es eine Ignoranz oder Verharmlosung eines Problems, zu einer Lebenslüge entwickeln kann und schlussendlich unsere Persönlichkeit im tiefen Unterbewusstsein beeinflusst.

Insgesamt gibt es drei Verdrängungsmechanismen, die wir üblicherweise anwenden, um unsere Schatten in der Kiste gut zu verstauen und möglichst zu vergessen. Ich möchte Ihnen die Verdrängungsmechanismen einmal näherbringen und anhand einiger Beispiele diese Verdrängungen noch einmal deutlicher hervorheben:

▪ Ignoranz

Bei der Ignoranz ist sich der Betroffene im Klaren darüber, dass er etwas verdrängt, er will es allerdings bewusst nicht realisieren.

Beispiel: Sie sehnen sich nach mehr Intimität und Nähe zu Ihrem Partner. Allerdings trauen Sie sich nicht, dies bei Ihrem Partner anzusprechen. Sie fürchten, er könne gleichgültig auf Ihre Wünsche reagieren oder den einen oder anderen Witz dazu reißen. Aus Angst davor entscheiden Sie sich dazu, nichts zu sagen, und stecken Ihre Bedürfnisse ein. Sie wissen, dass Sie dies eigentlich bräuchten, aber belassen es dabei, wie es ist. Sie fangen an, zu ignorieren.

▪ Verharmlosung

Das ist die „einfachste" Methode bzw. die Methode, die die Verdrängung am einfachsten rechtfertigt.

Beispiel: Sie haben einen Wunsch oder ein Ziel vor Augen gehabt und dieser ist nicht in Erfüllung gegangen bzw. Sie haben Ihr Ziel nicht erreicht. Indem Sie sich sagen, „Ach, es gibt Schlimmeres und das ist nicht das schlimmste der Welt!", verharmlosen Sie Ihre Trauer über diesen Verlust.

65

Sie erleben gerade eine Enttäuschung, die Sie verharmlosen, mit der Begründung, dass es Schlimmeres auf der Welt gäbe. Das mag zwar sein, dennoch ist es für Sie im Moment das schlimmste Erlebnis und Sie erlauben sich, aufgrund dieser „Ausrede" bzw. Verharmlosung, nicht, darüber zu trauern.

• **Leugnung**

Hier werden Bedürfnisse bspw. überhaupt nicht mehr wahrgenommen, sie werden also so lange ignoriert, bis man diese Bedürfnisse komplett leugnet.

Nehmen wir uns dem Beispiel der Ignoranz wieder an: Sie haben nun jahrelang nicht das Bedürfnis der Nähe beim Partner angesprochen. Sie behaupten nun für sich, dieses Bedürfnis nie gehabt zu haben. Sie leugnen es. Aus der jahrelangen Ignoranz wurde eine Leugnung des Bedürfnisses.

Wenn Sie dieses Bedürfnis hartnäckig über die Jahre hinweg verharmlost bzw. ignoriert haben, kann dies zur totalen Leugnung führen. Sie nehmen dieses Bedürfnis nicht mehr als solches wahr und verlieren jeglichen Berührungspunkt zu diesem.

Wenn diese drei Verdrängungsmechanismen Ihnen bekannt vorkommen und Sie sich darin wiedererkennen, wissen Sie nun auch, wie konkret die Schattenarbeit angewandt werden kann und was Sie wiederaufleben kann.

Um noch einmal konkret auf die Schattenarbeit zurückzukommen, möchte ich Ihnen noch einmal den Kernpunkt der gesamten Schattenarbeit vor Augen führen, um Ihnen den Zusammenhang der Verdrängungen und Schatten näherzubringen. Anschließend stelle ich Ihnen einen „Vier-Schritte-Plan" vor, der eine Integration der Schatten in die eigene Person beschreibt und bei dem die Verdrängungsmechanismen wieder aufgegriffen werden.

Schattenarbeit ist, so kann man sagen, eine erneute Integration von verdrängten und verlorenen Persönlichkeitsanteilen. Sie besteht aus anfänglicher Konfrontation, der Veranschaulichung und der Wiedereinführung.

Es ist keine „Seelenchirurgie", sie soll nichts für immer entfernen oder lösen, sondern ein Gleichgewicht zwischen den Schatten und unserem Selbst, dem Licht, wenn man will, schaffen. Ein perfektes Zusammenspiel soll stattfinden.

Man kann es unter anderem auch als einen Grund- oder Meilenstein zur Selbstliebe, zum Selbstbewusstsein und zu innerem Frieden sehen.

Vielleicht kennen Sie das, Sie haben manchmal einen Impuls, den Sie aber schnell kontrollieren wollen, nicht wollen, dass jemand diesen Impuls wahrnimmt, da Sie sich nicht trauen, zu leben, wie Sie möchten. Sie verdrängen, Sie möchten geheim und unentdeckt bleiben – Ihre Gefühle sollen es zumindest bleiben.

Wer diese Schatten integriert, muss niemanden mehr dafür bewundern, wie viel derjenige sich traut und was dieser sich traut. Man tut es selbst, man kann es selbst und ist sich diesem bewusst. Es gibt nichts mehr, dass uns in unserem tiefen Unterbewusstsein aufhält, und man kann seinen Gefühlen, Impulsen und Bedürfnissen freien Lauf lassen. Man fühlt sich nicht mehr unterdrückt vom eigenen Ich. Man hat keine Angst mehr. Man ist frei.

Ein wunderschöner Gedanke, oder?

Die Schattenarbeit beinhaltet, dass man in vier Schritten wieder zu dieser Freiheit gelangen und die Schatten wieder in seine Persönlichkeit integrieren kann – ein perfektes Zusammenspiel aus der Energie, aus der man schon besteht, und den Schatten, die nach der Integration wieder im Einklang mit der vorhandenen Energie die Persönlichkeit regieren.

Ich möchte Ihnen die Schritte einmal vorstellen:

▪ **Schritt 1 – Verdrängungsmechanismen erkennen**

Der Schritt in die richtige Richtung ist es, bestimmte Verdrängungen zu erkennen und sich einzugestehen, dass etwas überhaupt verdrängt wird.

Was wird verharmlost, was wird geleugnet oder ignoriert?

Überlegen Sie einmal genau, was Sie leugnen oder verharmlosen. Sind Sie ständig wütend, weil Sie einfach nicht „Nein" sagen können? Sie haben das Gefühl, ausgenutzt zu werden? Vielleicht haben Sie das Gefühl, dass Sie durch das ständige „Ja-Sagen" eine Art Bestätigung bei anderen suchen, um dazuzugehören? Sie werden sauer, wütend und leicht gereizt und lassen diesen Frust eventuell woanders aus. Sie verdrängen, Sie schlucken es runter und stellen Ihre Bedürfnisse hinten an.

Da stimmt etwas nicht und genau hier muss angesetzt werden, um aus dieser Endlosschleife rauszukommen. Sie müssen nur erkennen, dass eine Verdrängung stattfindet.

- **Schritt 2 – Anteile identifizieren**

Der zweite Schritt richtet sich auf die Analyse der Schattenanteile. Als wirksame Methode wird das „automatische Schreiben" angewendet. Beim automatischen Schreiben wird unter Vorgabe, ohne Unterbrechung, so schnell wie möglich drauflos geschrieben. So wird angenommen, dass durch das ununterbrochene Schreiben die Persönlichkeitsanteile bzw. die Schatten ans Licht kommen. Konkret gesagt möchte man erzielen, dass man die Möglichkeit hat, über seine Grenzen zu gehen und seine Schatten zu offenbaren.

Hier wird behutsam und mit viel Verständnis die Schattenarbeit praktiziert. Vor allem richtet sich das Verständnis auf die Tatsache, dass wir diese Schatten überhaupt erst geschaffen haben.

Dieses Verständnis der Ansprechpersonen gibt uns eine Art „Schutz" und Sicherheit, die unerlässlich ist, damit wir unsere Lebensgeschichte und Persönlichkeit offenbaren.

Es ist außerdem wichtig, zu verstehen, dass wir diese Schatten zwar in der Vergangenheit bewusst versteckt haben, diese aber analysieren und identifizieren müssen, um sie nun als Bereicherung für die Gegenwart zu sehen und gezielt zu nutzen.

Denken Sie wieder an die Kiste, die Sie jahrelang im Keller, tief unten, vergraben haben. Sie haben sie nun gefunden und entscheiden sich, im Kreis mit den engsten Ansprechpersonen oder vertrauten Leuten zu öffnen. Es wird Ihnen zunächst sehr schwerfallen, diese Kiste überhaupt zu öffnen. Es könnte sogar gut sein, dass Sie selbst vergessen haben, was sich überhaupt in dieser Kiste befindet. Sie befinden sich in dem Moment, kurz bevor Sie dabei sind, die Kiste zu öffnen, in Ihrem verletzlichsten Zustand.

Genau aus diesem Grund ist ein geschützter Raum bzw. eine geschützte Atmosphäre, volles Verständnis und das Versprechen, keinerlei Verurteilungen oder Anmerkungen zu geben, von höchster Bedeutung.

Wie geht man jetzt mit der Erkenntnis um, dass man einen Teil von sich selbst jahrelang ignoriert hat? Anfangs ist es schwer, zu akzeptieren, Schatten überhaupt zu besitzen und sich ihnen zu stellen, gerade, wenn wir wissen, dass wir sie bewusst weggeschoben und verstaut haben.

Allerdings ist die Befreiung danach eine ziemliche Erleichterung und einem wird eine unglaubliche Last genommen, von der man eventuell nicht wusste, dass man sie mit sich trägt.

▪ **Schritt 3 – Integration**
Der dritte Schritt ist eine Art Bekenntnis zu sich selbst. Einem wird klar, dass man aus einer hellen und dunklen Seite besteht. Man lernt seine neuen Fassaden bzw. Gesichter kennen und somit auch ein neues Kapitel oder eine neue Seite seiner selbst.

Jeder Lebensabschnitt, jedes Kapitel braucht eine Wertung, eine Wertung, die jeden Abschnitt in einen guten und einen schlechten Zeitraum einteilt. Wichtig ist, zu verstehen, dass die Schatten, die unseren schlechten Lebensabschnitten gewidmet sind, genauso zu uns selbst und zum Leben dazugehören wie unsere guten Abschnitte.

Erst diese Erkenntnis macht uns vollkommen. Man muss sich im Klaren darüber sein, dass es eventuell manche guten Seiten oder

Lebensabschnitte ohne die schlechten gar nicht gegeben hätte.

Die Kiste, mag sie noch so grausame Schatten enthalten, hat, auch wenn tief unbewusst, Ihr Leben mitgeformt. Sie müssen nun entscheiden, wie Sie diese Schatten einteilen bzw. zuordnen. Denken Sie bspw. an Ihre liebste Erinnerung. Wäre sie genauso passiert, wenn gewisse Dinge vorher nicht passiert wären? Hätten Sie genauso gehandelt oder hätten Sie das alles erlebt, wenn Sie wichtige Entscheidungen damals für sich selbst nicht getroffen hätten?

Genau hier ist der entscheidende Punkt der Integration gefragt. Um das Puzzle, das wir nun mit der Schattenarbeit angefangen haben, zu vervollständigen, müssen wir ALLE Puzzleteile miteinander verbinden. So kommen wir dem großen, klaren und vollständigen Bild näher und finden letztendlich zu uns selbst.

▪ Schritt 4 – Anteile hochleben lassen

Zu guter Letzt wird einem mit dem vierten Schritt die Bewunderung anderer genommen.

Die Bewunderung anderer Menschen ist eine Art virtuelles Ersatzleben. Wenn wir Menschen bewundern, dann nur aus dem Wunsch heraus, genauso zu agieren oder gar so zu sein wie den, den wir bewundern. Diese Bewunderung löst allerdings nur eine Leere in uns aus. Wir fragen uns ständig, warum wir nicht genauso sein können. Wir vergleichen uns mit anderen und gleichzeitig zerstören wir damit unser Selbstbild.

Wir kämpfen gegen uns selbst an, anstelle einer Entfaltung und Förderung. Wir unterdrücken und verdrängen, anstatt uns frei zu entfalten.

Schattenarbeit hilft uns, dies zu erkennen, und lässt uns wieder an uns statt gegen uns arbeiten. Sobald diese Schatten gefunden und akzeptiert wurden, hören wir mit der Bewunderung anderer auf und lassen unsere Schatten aufleben. Wir erhellen sie.

Die Schattenarbeit ist wie eine Art Wiedergeburt.

Diese Qualitäten, die verloren geglaubt waren, waren nie verloren. Sie waren nur tief verdrängt. Sie haben sich zurückgezogen und waren dennoch weiterhin im Unterbewusstsein präsent.

Selbst die Kiste, die Sie aus Verzweiflung und Angst versteckt hatten und gar vergessen hatten, war die ganze Zeit da. Sie war nur versteckt.

Genauso ist es mit Ihren Gedanken und Gefühlen. Nur weil Sie etwas unterdrücken, weil Sie manches unausgesprochen lassen oder einige Gedanken für sich behalten, heißt es nicht, dass diese nicht da sind. Sie sind da. Die Kiste kann auch noch so groß sein, irgendwann bekommen Sie diese Kiste nicht mehr zu. Sie quillt über, sie lässt sich nicht mehr verschließen oder die Kiste ist zu groß, um sie zu verstecken. Sie wird gesehen, sie kann gesehen werden oder platzt auf, weil zu viel in ihr verstaut wurde und sie sich nun nicht mehr verschließen lässt. Es könnte gut sein, dass dies in Form von Krankheiten, wie bspw. Depressionen oder Burn-out, ans Licht kommen könnte und es dann umso schwerer wird, zu Ihren Schatten durchzudringen.

Es ist besser, sich also dazu zu entscheiden, die Kiste selbst zu öffnen, als dass sie ungewollt von anderen bemerkt wird.

Die Lösung hier ist nicht, dass wir die Schatten aus unserem Leben komplett verbannen oder die Verdrängung am besten beherrschen. Hier wird gezielt darauf hingearbeitet, die Schatten in unser Leben zu integrieren und sich neu zu finden.

In spirituellen Kreisen sind die Menschen oftmals auf der Suche nach der Vervollständigung ihres Selbst. Sie versuchen gezielt, versteckte oder verlorene Puzzleteile zusammenzusuchen, um sich zu vervollständigen.

Allerdings ist es nicht nur wichtig, die Schatten für sich selbst zu entdecken. Gerade dann, wenn wir offen für neue Bekanntschaften und Beziehungen sind oder bereits in welchen stecken, müssen wir lernen, die Schatten in diesen einzubeziehen.

SCHATTENARBEIT IN BEZIEHUNGEN

Wir alle haben unsere Schatten und tragen sie mit sich rum. Jeder hat ein Unterbewusstsein und benutzt es tagtäglich, genauso wie seinen Schatten. Manche sind sich im Klaren darüber, andere wiederum wissen nicht einmal, dass solche Schatten existieren. Sie steuern indirekt unser Leben, wie wir handeln und entscheiden. Sie verdrängen ihre Schatten tagtäglich und dies kann negative Folgen mit sich bringen.

Die Verdrängung von Tatsachen und das Verleugnen kann so weit gehen, dass Beziehungen zerstört werden, und das nicht einmal gewollt. Das alles geschieht unterbewusst.

Wir lieben und bewundern die Menschen, weil sie genau das verkörpern, was wir verdrängen – unsere Schatten. Es ist uns nicht bewusst, wie viel uns das beeinflusst, und genau das kann uns zum Verhängnis werden.

Betrachten wir einmal die romantische Beziehung etwas näher. Wir bewundern unseren Partner für das Leben, das wir eigentlich hätten leben können oder welches wir uns so sehr wünschen.

Nehmen wir uns noch einmal das Beispiel der Archetypen genauer zur Brust:

Beispiel: Sie sind eine Frau, deren Lebendigkeit in der Kindheit oft unangenehm aufgefallen ist. Sie waren einfach viel zu laut und haben gelernt, dieses Laute zu unterdrücken. Sie haben gelernt, sich unauffällig zu verhalten. Sie fallen so weniger auf und machen so weniger auf sich aufmerksam. Genau das suchen Sie oder Sie haben bereits das in Ihrem Partner gefunden. Das Ganze geschah völlig unbewusst und unterbewusst.

Sie lieben dieses laute und lebendige Organ an Ihrem Mann, seine Spontanität und Vitalität. Das alles lieben und bewundern Sie, weil Sie das eigentlich hätten sein können. Sie haben dies so weit verdrängt, dass Sie gar nicht mehr wissen, dass Sie das eigentlich auch können.

Genau hier könnte ein Konflikt auftreten. Die Bewunderung ist groß, könnte es uns jedoch auch traurig oder wütend, gar rasend machen? Unser Partner kriegt die volle Aufmerksamkeit und Bewunderung – eventuell nicht nur von uns – für etwas, was wir hätten auch tun und sein können? Es könnte sein, dass uns dieses Auftreten nicht mehr gefällt, diese Bewunderung in Neid oder Eifersucht übergeht und wir nun auch diese Gefühle verdrängen und unterdrücken müssen. Sind wir dann gewillt, eine Art Doppelleben zu führen? Sind wir dann noch ehrlich unserem Partner und vor allem unserem Selbst gegenüber? Könnte ich aus Neid meinen Partner ebenfalls unterdrücken, obwohl dies einfach nur eine Reaktion zu meiner eigenen Verdrängung ist?

In erster Linie ist es absolut wichtig, sich selbst über seine eigenen Schatten im Klaren zu sein. Allerdings ist es auch wichtig, seinen

Partner, vorausgesetzt, man ist in einer Beziehung, sobald man bereit dazu ist, in diesen Prozess einzuweihen.

Nicht nur romantischen Beziehungen könnte dies zum Verhängnis werden. Auch Freundschaften, familiäre Beziehungen oder berufliche Kontakte könnten, aus dieser Verdrängung heraus, darunter leiden.

Übungen und Selbstreflexionen

Nun, vielleicht haben Sie sich in einigen Beispielen, Beschreibungen und Fakten wiedererkannt und würden gerne erfahren, wie Sie eventuell über Ihre eigenen Schatten mehr erfahren könnten, ohne dass Sie sich unmittelbar in die nächste Therapie begeben.

Es gibt ein paar Übungen, die Sie durchführen können, um zu erfahren, ob und welche Schatten Sie besitzen. Selbstverständlich hier der Hinweis, dass diese Übungen keinerlei Schattenarbeit ersetzt und dies nur zur Orientierung dient.

Um diese Übungen durchführen zu können, sollten Sie sich im Klaren über Ihre Ziele sein. Was versprechen Sie sich aus diesen Übungen und wollen Sie sich auf Ihre Schatten einlassen?

Sollte dies der Fall sein, ist es ebenfalls wichtig, dass Sie erkennen, in welchen Momenten oder Situationen Sie Gefühle oder Verhaltensweisen an den Tag legen, mit denen Sie nicht zurechtkommen und Sie ein starkes Unwohlsein entwickeln.

Fangen wir mit der ersten Übung der Schattenarbeit an:

▪ Versuchen Sie, Situationen komplett neutral zu sehen und diese emotional nicht an sich ranzulassen.

▪ Überlegen Sie, ob Sie bestimmte Verhaltensweisen bei anderen oder sich selbst ablehnen oder überhaupt nicht mögen.

▪ Oft begegnen wir Menschen oder Situationen im Alltag, die unsere Schatten zu spiegeln scheinen. Das könnten Tiere sein oder aber auch Kinder. Sie wollen uns damit etwas aufzeigen und Sie sollten dies aufmerksam beobachten.

▪ Gehen Sie tief in sich und schreiben Sie Eigenschaften auf, die Sie an sich nicht leiden können.

▪ Gehen Sie noch einmal in sich und notieren Sie jetzt Dinge, die Sie an anderen bewundern.

Sie müssen diese Übungen nicht sofort durcharbeiten, lassen Sie sich ruhig dafür Zeit und beschäftigen Sie sich intensiv damit. Je intensiver Sie sich damit beschäftigen, desto näher geraten Sie an Ihren Schatten bzw. an Ihre Schatten.

In der nächsten Übung dringen wir weiter in die Schatten und deren Materie ein. Sie sollten sich also bewusst sein, dass Sie auch über all die vorher besprochenen Eigenschaften verfügen. Sollte dies nicht der Fall sein, könnte es sein, dass diese Übung nicht intensiv genug wahrgenommen werden kann. Allerdings bedeutet dies nicht, dass Sie, wenn diese Übung nicht intensiv genug für Sie erscheint, über keine Schatten verfügen oder Ihre Eigenschaften nicht intensiv genug sind.

Es könnte sein, dass diese Übungen nicht zu Ihren Schatten passen. Zudem ist dies nur eine Übung und kein Ersatz für ein spezielles und individuelles Coaching, wie auch bei der ersten Übung bereits erwähnt wurde.

Kommen wir aber nun zu den Übungen:

• Stellen Sie sich Ihre Schatten (soweit bekannt und erkannt) als eigene Person bzw. Identität vor. Konzentrieren Sie sich besonders auf die Mimik, Gestik, Stimme, das Aussehen und die Körpersprache. Ausschlaggebend sind auch wichtige Details, hat die Person bspw. Narben, eine grelle Haarfarbe oder sonstige markante Merkmale?

• Betrachten Sie nun Ihren Schatten bzw. die Person, die Ihren Schatten darstellt, genauer. Fragen Sie sich, welche positiven Eigenschaften diese Person hat.

• Mit speziell dieser Übung erlangen Sie Zugriff auf Ihr tiefes Bewusstsein und Sie werden erstaunliche Erkenntnisse über sich selbst erfahren.

• Denken Sie nun an die negativen Aspekte dieser Person. Versuchen Sie, diese zu akzeptieren, um Frieden mit ihr zu schließen. Wenn Sie wollen, können Sie dieser Person auch verzeihen. Schenken Sie hierbei der Person mehr Aufmerksamkeit für die positiven Eigenschaften und versuchen Sie wirklich, der Person aus tiefstem Herzen zu verzeihen.

• Trotz der großen Aufmerksamkeit für die positiven Eigenschaften sollten Sie den negativen

Eigenschaften eine Wertschätzung entgegenbringen. Denken Sie daran, dass die positiven Eigenschaften ohne die negativen nicht von Besonderheit wären und die negativen Eigenschaften genauso wichtig sind.

Die Schattenarbeiterin Byron Katie hat folgende Fragen entwickelt, die dabei helfen, Sie Ihren eigenen persönlichen Schatten näherzubringen:

- Was denke ich über „Meinung äußern"?
- Ist das wahr?
- Kann ich mit absoluter Sicherheit sagen, dass das wahr ist?
- Wie reagiere ich, wenn ich diesen Gedanken glaube?
- Wer wäre ich ohne diesen Gedanken?
- Wie lautet eine mögliche Umkehrung?

Die Fragen scheinen zunächst sehr einfach zu sein. Gerade der letzte Schritt lässt sich nicht von heute auf morgen einfach so glauben. Es erfordert Geduld und Zeit. Der letzte Schritt muss eingeübt werden wie ein Tanzstück. Man kann nicht von heute auf morgen Ballett erlernen. Genauso wenig kann man von heute auf morgen seine Schatten behandeln.

Schattenarbeit bedeutet, Verantwortung zu übernehmen. Es bedeutet, seine Schattenseiten zu sehen und sich ihnen zu stellen. Stellt man sich seinem Schatten nicht, kann das eine Weile ganz gut funktionieren. Einige Aspekte beeinflussen das Leben vielleicht nicht so stark wie andere.

Gerade aber in zwischenmenschlichen und sehr intimen Beziehungen können Schatten stärker zum Vorschein kommen als in flüchtigen Begegnungen. Daher sind enge Beziehungen zu Freunden oder Partnern immer eine großartige Möglichkeit, sich seinen Schatten anzunehmen und mal genauer hinzuschauen.

Dort, wo das meiste Konfliktpotenzial sitzt, verbirgt sich meistens der eigene Schatten. Der Schatten wird Ihnen so lange in Ihrem Leben begegnen, bis Sie sich ihm angenommen haben.

Nach den Übungen empfiehlt es sich, je nach Intensität, noch einmal in sich zu gehen und all dies zu überdenken. Denken Sie über Ihre Gefühle nach. Was verspüren Sie nach den Übungen? Fühlen Sie sich erfüllt oder geleert, bedrückt oder aufgewühlt?

Egal, welches Gefühl Sie im Moment verspüren, akzeptieren Sie jedes Gefühl und wertschätzen Sie dies. Sie haben sich gerade Ihren eigenen Schatten gestellt und dies verlangt hohe Anerkennung.

Sie sind wortwörtlich über Ihren eigenen Schatten gesprungen.

Zu guter Letzt

Es empfiehlt sich, noch einmal auf die Schattenarbeit zurückzukommen, wenn Sie das Gefühl haben, dass genau das alles auf Sie zutrifft und die Übungen oder gar die ganzen Worte Sie persönlich aufgewühlt haben.

Eventuell können die Worte Sie auch direkt getroffen haben und Sie scheinen das Bedürfnis zu verspüren, die Kiste nun rauskramen zu wollen.

Seien Sie sich bewusst, dass Sie die Kiste mit all Ihren Schatten nicht allein öffnen müssen und die Emotionen nicht allein bewältigen müssen. Sie können sich Ihrem liebsten Ansprechpartner anvertrauen und über Ihre Emotionen reden, Sie müssen keine Angst davor haben, sich Ihren eigenen Schatten zu stellen. Falls Sie keine Ansprechperson haben oder jemand Neutralen bevorzugen, können Sie sich auch über Schattenarbeit in der Nähe informieren. Sie brauchen keine Angst zu haben, denn jeder von uns trägt seine Schatten mit sich. Es ist nur wichtig, dass diese Unterdrückung der Schatten nicht zu stark wird und die Kiste zu platzen droht. Denn wenn diese Kiste platzt, ist es sehr schwierig, alles wieder in Einklang zu bringen.

Denken Sie auch an das freie Gefühl, wie Sie einen tiefen befreienden Atemzug machen werden, wenn Sie sich von Ihren Schatten und all der zugehörigen Unterdrückungen befreien.

Erhellen Sie Ihre Schatten und Sie erhellen somit Ihren Weg zu einem vollkommeneren und bewussteren Selbst.

„Die Integration seines Schattens ist ein großes JA zu sich selbst." – Ekke Scholz

Herstellung und Verlag:
BoD – Books on Demand, Norderstedt
ISBN: 9783756850372

© Karina Lehmhuis 2022
1. Auflage
Kontakt: Psiana eCom UG/ Berumer Str. 44/ 26844 Jemgum
Covergestaltung: Fenna Larsson
Coverfoto: depositphotos.com